파란을
넘어서

파란을 넘어서.

열매를 위해 뿌리를 내리고
줄기를 밀어 올렸다

김유미 시집

책나무 출판사

 # 서문

보이지 않는 심연에 들어가려고
슬며시 바람이고 싶었다.

바람이 넌지시 쥐여준 작은 풀잎 하나 들고
가지에 걸린 달에게 손을 뻗었다.

헛손질이라도 하다 보면
세상에 점 하나 남길 수 있을는지

2018년 10월
김유미

지도해 주신 여러 선생님
도움 주신 문우 시인님들께
감사드립니다.

 **차례**

서문

제1장 간밤에

간밤에 · 10 / 냉전과 열정 사이 · 11 / 빛 뭉치 유산 · 12
파란을 넘어서 · 13 / 유령들의 나들이 · 14 / 고독 · 15
간격 · 16 / 애미 · 17 / 독감 · 18 / 불면 · 20 / 풍경 · 21
수료를 하며 · 22 / 꽃, 리시안서스 · 23 / 시작이다 · 24
피붙이들 · 25 / 쌈박질 · 26 / 기일에 · 27 / 갑자기 비 · 28
압박 · 30 / 태동 · 31 / 시란 놈 · 32 / 도시의 모과나무 · 33
화해 · 34 / 어떤 날 · 35

제2장 혼의 빛

혼의 빛 · 38 / 풀잎이 먼저 운다 · 39 / 커피의 유혹 · 40
생강 · 42 / 애비 · 44 / 아들의 초대 · 45 / 꽃들이 기억을 · 46
귀향 · 48 / 봄을 만지다 · 49 / 나에게 · 50 / 질투 · 51
한 장의 수채화 · 52 / 입맞춤 · 53 / 바다에 뜬 별 · 54 / 업보 · 55
어떤 일기 · 56 / 달아난 기억 · 57 / 명절 즈음에 · 58 / 올라가기 · 59
벼룩시장 · 60 / 부메랑 · 62 / 고로쇠 물 · 64 / 아야어여 · 65
우울 · 66

제3장 가지에 걸린 연

가지에 걸린 연 · 68 / 겨울 꽃 · 69 / 소멸 · 70 / 짝사랑 · 72
바람났네 · 73 / 절밥 한 그릇 · 74 / 막걸리 사랑 · 76 / 외도를 꿈꾸다 · 77
재회 · 78 / 삭제 · 79 / 와줘서 고맙다 · 80 / 못된 사랑 · 81 / 겨울을 털다 · 82
친구 · 83 / 추석 · 84 / 통곡 · 85 / 세월의 벽 · 86 / 흔적 · 87
여수(旅愁) · 88 / 가뭄 · 90 / 기억이 · 91 / 산다는 것 · 92

제4장 기어이 이별

기어이 이별 · 94 / 가을이어서 · 95 / 꽃을 따다 · 96 / 나였으면 · 97
노년을 물에 풀다 · 98 / 떡국 두 그릇 · 99 / 욕심 · 100 / 입동 즈음 · 101
낚시꾼 · 102 / 늙음 · 103 / 신륵사의 겨울 · 104 / 애착 · 105
자매들 · 106 / 아까운 그 이름 · 108 / 설인가 · 109 / 요양원 · 110
하필이면 · 112 / 홍련암 · 113 / 사라진 하늘 · 114 / 그런 거지 뭐 · 115
위험한 중독 · 116 / 버리기 연습 · 117 / 가난의 에세이 · 118 / 납골당 · 120

추천사 청와 신명숙 / 시인, 수필가 · 122

추천사 백민 심길종 / 작가, 한국 문학정신 전남 지회장 · 124

추천사 최영희 / 시인 · 126

제1장
간밤에

간밤에

한밤중
방 안으로
그만큼의 달빛이 들어왔다
나뭇가지가 따라 들어왔다
깨어 보니
옷을 벗은 속살이 투명해서 부끄럽다
자주 왔다고
나뭇잎이 흔들거리며 웃는다
부끄런 하늘이 구름을 내려놓기 시작했다
달빛이 가지를 잡아끌며 뒷걸음으로 나간다
문을 잠그자
유리창에 붙어서 살금살금 훔쳐보고 있다
그런 줄도 모르고 그냥 잠들었다

냉전과 열정 사이

당신은
나의 앞모습을 못 견뎌 했고
나는
당신의 뒷모습을 참지 못했다

벽 속에서 표류하는 두 개의 섬
차가운 달빛 무표정하게 유리창 밖에 서 있고
검은 침묵이 섬과 섬 사이를 떠돈다

당신은
티브이 앞에 정물로 있고
나는
책장을 넘기며 비릿한 종이 냄새를 마시고 있다

계절이 몸을 비틀자
자물쇠에 잠겨 있던 현관문이 벽 안으로 걸어온다
순간
동시에 일어섰다
누가 열고 누가 닫을까?

빚 뭉치 유산

관광버스가 꽃바람을 가득 싣고 마을 길을 돌아서 나간 후
트럭이 털털거리며 마지막 소를 싣고 갔다.
우사에서 똥을 퍼내며 중얼거리는 할머니
슬레이트 지붕으로 날아간 닭이 홰를 치자 작대기를 집어 던진다.

역마살이 꼈다는 남편이 쓰다듬던 건 화투패와
옆구리 차지했던 소주병뿐이었다.
바람 소리 따라간 허술한 주막에서 빨간 입술에 눌려 누워 있었다.

지붕이 뚫리고 쏟아지는 술병들
오광은 문밖에서 부시게 빛을 내고
남겨진 빚 뭉치들이 삐걱대는 마루를 밟아댄다.
할아버지의 나무를 아궁이에 쑤셔 넣다가
모든 게 봄이 외면한 집터 탓이라며 문패를 떼어내
불 속에 던지고 소주병을 베고 누워버렸다.

마을 길로 술 취한 관광버스가 비틀거리며 들어선다.

간밤에

파란을 넘어서

지상 어느 한구석
열매를 위해 뿌리를 내리고 줄기를 밀어 올렸다
그리고 몇 번의 비바람이 몰아쳤다
막다른 길 땅은 제 살을 잘게 쪼개며 깊은 계곡으로
빨려가는 뿌리 한 줄을 붙잡았다
해가 찾지 못하는 침울한 그늘 속

더듬더듬 다잡은 손의 힘으로
바로 서지 못하는 비틀린 줄기가 흙을 털어내며
허리를 펴기 시작했다
서로에게 기대어
떨구었던 목덜미를 세우고 새들을 불러 노래했다
뻗어가는 가지마다 잠재된 꽃송이들 해를 품었다

비로소 올곧은 나무로 제 몫의 열매를 매달고
더없이 빛나는 모습으로

떨고 있는 바람 앞에 맞서고 있다
파란을 넘어서

유령들의 나들이

시내가 한바탕 싸움에 패한 쌈닭을
트럭 바닥으로 던지고 옆의 닭을 집어 링 안으로 던지자
긴 목을 검붉은 깃털로 세우고
발톱을 번쩍이는 창처럼 휘두르며 날아올라 죽음을 집어 든다.
비명들이 재빨리 허공을 찢고 달아난다.
그사이 트럭 바닥에 닭
제 피로 이생의 응보를 끊어 내며
숨을 모아 혼을 뱉어 낸다.
생명이 빠져나갈 때
광기를 드러낸 심장들이 전생의 소리를 가져온다.
사내가 다가오자 우리 속의 닭들이
저승을 구걸하며
녹슨 구멍으로 제 몫의 업보를 내밀며 울기 시작했다.
허공에서 유령들이 하나씩 혼을 낚아챈다.
찌푸린 하늘이 숨을 거뒀다.
비참한 저녁의 만찬을 주머니에 가득 채운 사내
피 묻은 손으로 트럭 짐칸을 잠그고 덜컹거리며 비포장길을 내달린다.
유령들이 그 뒤를 따라간다.

고독

목을 길게 빼고

물속을 더듬거리다 덥석 고독을 껴안았지요.

껴안고 보니 천지가 슬픔이라 바다를 또 껴안고 있어요.

바람이

뭍으로 가라고 길을 열어 줬지만

파도가 재워준

장애를 가둔 아이가 뒤척일까 봐 바람을 막아야 해요.

막을 수 없는 건 울음소리예요.

여기 조개들은 날마다 뭔가를 숨겨요.

숨죽인 조개가 뻘을 나와 모두 입을 열고 밤새 울어대지요.

그래서

파도도 소리치며 울어요.

눈물을 닦아줘도 자꾸만 소금꽃을 피우네요.

사람들이 던져버린

검은색 마음들이 바다에 둥둥 떠다녀요.

바람을 가두고 마음도 가두었다가 하얗게 말려서 보내지요.

아이가 깨어나 뭍을 향해 걸어가네요.

그래요.

보내야겠지요.

간격

숨길이 열리고
사랑을 부르는 입김에 아기의 솜털이 춤을 춘다
악물 이빨이 없는
크림 같은 입술에서 내뿜는 달콤한 호흡에 입을 맞추며
어미는 고통의 껍질을 녹여낸다

운명을 노래하며 새들이 날아왔다
신은 처음을 주면서
두 눈을 부릅뜨고 그 이후를 셈하며
은밀히 유령처럼 다가가서 심장을 거두어간다

시작과 끝이
끈 하나에 묶여 서로를 바라본다
끝이 위병처럼 서 있고 흐르던 물줄기 끊기면
피를 모아 심장을 주는
시작은 어미의 배 속에 남겨 논 숨 한 자락

우리가 차지할 것은
시작과 끝 사이 한 뼘의 간격뿐인 것을

애미

직인처럼 새겨지는 멍
옅은 타박에 금세 터져 버린 울음이다
검은 빛깔, 눈동자처럼 슬퍼 보인다
안으로 안으로만
되새김으로 삭이다가
툭 하고 쏟아지는 멍 뭉치들
심장에 터질 듯 쌓여 침묵하던 것들이
취한 듯 쿨렁거릴 때마다
가슴을 치며 삭혔던 날들도 저물어
기울어져 가는 거푸집에 멍든 달 떠오르면
먼 길 떠나려
멍도 애(哀)도
치마폭으로 싸매고 있다

독감

점령군처럼 밀고 내려온 한파는
소리가 없음으로 바람에 의탁했다

무수한 세균들이
바람에 실려 기관지 속으로 들어가 정착했다

바이러스가 내장을 깔고 앉아
발끝까지 오르내리다가 폐에서 쓴 기침으로 튀어 나왔다
겨울 까마귀가 몸서리치며 날개를 턴다

삼킨 알약 한 봉지에 스르르 빗장이 풀렸다

발끝에 온기 돌아오고
아련한 봄날의 아지랑이가 피어오른다

붙들고 있던 난해한 시
새가 먹이를 채 가듯이 페이지를 넘겼다

수탉이 웅크리고 있는 응달에 오후의 햇살이 꽂히고

간밤에

찬바람에 꺾인 꽃잎도 하나둘 고개를 들었다

밖은 바람의 힘을 빌린 한파
곰삭은 동동주를 얼마나 들이켰는지 소리 지르고

이 남자
술 취해 전화질만 해대고

불면

밤이 마감하라고 한다
하루치의 한숨도 쉬게 하라고 블라인드를 내리듯 어둠을 주었다

몸속의 검은 피가 요동친다
내가 동여맨 줄들에게 조이며 지르는 신음

그 소리 물어뜯으며 몸은 제 몫을 내주고는
고장 난 브레이크처럼 뇌를 제어하지 못했다

블라인드 앞에 위병처럼 서 있는 밤의 유령
조각조각 쪼개지는 삶의 그림자들

돌아선 어둠을 밟고 아침이 부산한데
와삭거리는 불면이 끌고 다니는 육신, 회자되지 않은 생의 색이 누렇다

몸 위로
마감하지 못한 글자들, 낙엽처럼 빨갛게 쌓여가고

간밤에

풍경

마을 앞 버스 정류장
기울어진 의자에 열망 없는 정물처럼
버스를 기다리는 할아버지
생을 지팡이에 기댄 채 꾸벅꾸벅 졸고 계신다

꿈에
먼저 간 할머니 만나시는지
연신 고개를 끄덕이신다
잡풀 사이
고양이 두 마리 풍경 속으로 들어오고
한낮의 햇살이 내려앉은
정류장도 졸고 있고

꿈에서
할아버지 두 번 오는 버스 의자에
아까부터 할머니와 나란히 앉아 계셨다
지팡이는 땅만 보고 있다

수료를 하며

모두가 주인공이었다
한바탕 공연이 끝나고 막이 내려졌다
화장을 지우지 않은 얼굴 위로 지난한 풍경들이 지나가고
마음 조각들이 막 뒤에서 서성이고 있다

지금은
시간의 줄을 놓고 가야 할 때
찻잔을 밀어내며 창백한 침묵이 먼저 일어섰다
잔해를 털어내듯
차가운 물로 얼굴을 씻어 내며 새 옷을 갈아입으려 문을 나선다

하루가 엮여서 생이 되는 삶에서
추수하듯 몇 페이지를 거두기가 시려워
반쯤은 두고 돌아섰다

조명이 켜지고 다시 막이 오르면 주인공은 남겨진 이들의 몫 다 못 핀 꽃으로
무형의 바람으로, 객석에서 지켜보리라

간밤에

꽃, 리시안셔스

하얀 치마폭으로
장막 치고
속살을 숨기더니
하룻밤인데
비밀의 문을 열고
유혹의 정원을 펼쳐놓았다
빨려버린 눈
네게서
뗄 눈이 내겐 없다

시작이다

대지가 몸을 풀기 시작했다
담벼락 땅 밑 마른풀 속
동면하는 벌레는 날고 싶어
새로 환생하는 꿈 꾸느라 퍼덕거린다
담장 위에
생을 건져 든 새 한 마리
얼어있던 몸뚱이
날갯짓으로 녹여가며
마른 목으로 아침을 깨운다
집 나간 남편 돌아오고
가마솥에 토종닭 익는 냄새
강남에도 없다는 제비
봄은 어디서 날아오고 있을까

간밤에

피붙이들

더위 먹은 땅에
굉음 따라 쏟아진 소나기
텁텁한 그 길에서 빗소리인 듯
소리 끝에 서 있는 아이
자식의 자식
웃음의 뭉치들이 툭툭 터져 나온다
커지는 목소리
날아오르는 감정의 선
아이는 제 삶을 가지고 돌아서 가고
어미는
돌아서지 못한다
하늘을 두 손으로 받치는 힘의 뿌리
자식
이 커다란 안식의 요람
어미의 존재의 이유, 피붙이들

쌈박질

소리를 지르고 싶었지만
아프도록 참았어.
누군가가
모난 입으로 쏟아내는 시퍼런 독설 때문이야.
그런 밤이면
몸에서 가시가 돋아났지.
귓속에 속살거리는 악마의 입김을 달래려
두 볼을 부비던
환했던 옛일을 훈훈하게 헤아렸지만
모난 입은 닫히지 않았어.
머리 위로 서늘한 아침이 오길 기다렸다가
달려가 제일 큰 가시를 입에 넣어주고 말겠어.
뜨겁게 소리쳤지.
그런 밤이면
밤새도록 쌈닭에게 쪼여서 피를 흥건히 흘렸어.
틀림없어
쌈닭이 그 모난 입인 거야.
그래서
아프도록 참았어. 그냥

간밤에

기일에

향 내음에 묵은 세월이 불려 나왔다
영혼이 촛불 주위를 맴돈다
어때요 그곳은
혹여 길을 잃지는 않으셨나요?
겨울 까마귀처럼 불빛 따라 오셨나요?

사진 속 젊은 눈동자 촉촉하게 젖어있다
줄기를 거슬러 뿌리를 만나는 시간
먼지를 툭툭 털어내고 상 앞에 앉아
과거로 이어진 끈을 잡아당겼다 풀어놓는다
넘나드는 건 무형의 시간뿐
누런 종잇장 속에
둥둥 떠다니는 기억 한 자락에 달라붙은 향내
목이 따갑다

밤은 깊어 향이 꺼지고 촛불도 꺼졌다
문틈 사이로
사각사각
영혼의 발자국 소리를 내며 눈이 내린다

갑자기 비

섣부른 판단이
검은 구름을 얕봤다
한 줄 시라도
주워볼 양 어슬렁거리다
갑자기 후드득 굵은 빗줄기
아카시아 꽃에 칼날처럼 꽂혀
향기 잃은 꽃
툭툭 내려와 길 위에 눕고

바람이 비를
비가 나무를 때려
반쯤 비워 놓고는
큰 구름 내게 달려와
후려치듯 빗물 쏟아부어
그나마 애써 주워
머릿속에 드문드문 매단 부실한 글들
빗물이
말갛게 씻어갈 즈음

간밤에

헛깃인 양 들리딘

새소리 맴돌아 텅 빈 머리로

나무 밑동만 보는데

어제 만났던

풀숲에 숨은 작은 꽃

날 알아보긴 할까

이리 비에 젖었는데

압박

빠르게 쫓아오는 시간
날이, 날을 뛰어넘어
며칠이지? 몇 번을 되뇌인다
해야 하는데
이것저것 또 다른 것
놓쳐버린 것들
땅바닥에서 숨을 헐떡이며 바라본다
여유를 밀어내는
몸뚱이에 새겨진 빽빽한 다이어리
모래바람처럼 밀고 온다
그 무게를
발목에 매달고
고비의 모래산 밑에 서 있다
저 능선 넘어야 하는데
들고 있는 욕심 조각들에 조이고
팽팽하게 달려오는 것들에 묶여 있다
너는 누구냐?

태동

햇살이 가빠지자
땅속은 서슬 퍼런 냉기에 반기를 들었다

물길을 찾아 여윈 뿌리들 허겁지겁 수액을 빨아올리고
모가지 꺾인 꽃들을 비밀하게 불러 모았다

바람이 마지막 맥을 보고 가면
냄새를 바꾸고
깊숙이 숨었던 알들이 깨어나 이빨을 내밀어
언 땅을 허물기 시작했다

살이 오르기를 기다려
마지막 숨을 고르고 서로의 꼬리를 붙잡았다
영리한 까마귀, 기웃거리다 날아가자
일제히 흙을 밀치고 솟구쳐 올랐다

봄이 서둘러 머리를 풀어헤쳤다
오래된 나무들
재빨리 봄 한 가닥씩 낚아채 가지에 매달았다

시란 놈

희열과 상실
두 개를 손에 쥐고 네가 왔다
그리고
나는 네게 흡입되었다
상실을 주어 침몰시키다가
영감을 주어
한 줄 문장으로 희열에 떨게 해
벗지 못하는 무거운 옷을 입혀 놓았다
너는 내가 되어
내게 너를 보여 달라 한다
네가 오는 걸
나는 미처 보지 못했다

간밤에

도시의 모과나무

아파트 입구
자동차 매연 마시며 서 있는 한 그루 모과나무
십 년이 넘도록
병든 열매 한두 개 매달더니
앓고 또 앓아가며
물줄기 찾아 거친 땅속 헤집었는지

이 가을
가지마다 찢어져라 매달고
은빛 향기 풍기며
못생긴 얼굴 자랑스레 내밀고 있다

한복판에 서서 외면당해
한 번쯤
건강한 열매 주렁주렁 매달고
오가는 이들의
가슴 헤집어 들고 싶었을 게다

자세히 보니 네가 향기 뿜는 꽃인 것을

화해

구름도 부부싸움을 하나 보다
나갔다 들어갔다 부산하더니
서로 등 돌리고 서서
눈, 비를 뿌려대다가
작심한 듯
호수에 엎드려 물을 들이켜더니
단숨에 오르내리며
화풀이라도 하듯
춘분에 때아닌 폭설을 쏟아붓고 있다
겨우 피워낸 꽃망울들
부리나케
제자리로 몸을 쑤셔 넣으며
한참을 뒤로 밀려났다
땅 위의 생물들
힐끔힐끔 하늘만 바라본다
화해는 언제 하려나

어떤 날

불을 켜지 않은 방으로
시간에게 맡겨 둔
굵다란 생각들이 흘러가다가 거슬러 들어온다
나는 그때의 나를 보고 있다

밤의 경계도 없이
제 살을 만지는 물속에다 가슴을 풀어댔다
우리들의 바다는 온도를 높여 뛰어든 몸을 받아 안았다
웃음소리가 파문으로 퍼져 나가고
저 건너편 섬이 다가와 아이들과 섞였다
물의 심연에서
숨을 몰아 잠자는 해초들을 깨우고
뿔난 소라들의 신음을 들었다
절여진 돌무더기
방파제에서 어른들은 별을 세듯 아이들을 세고 있었다

어떤 날
그날들이 동아줄에 묶여서 느닷없이 굴러들어 온다

제2장

혼의 빛

혼의 빛

꿈틀거리는 흙
조공하는 손끝에서 신기가 돌고 호흡이 차오른다
한 올 한 올 빚어냈던 고려의 푸른빛이
천년을 살아
도공의 눈빛에 혜안을 내렸다

흙에 깃든 영혼을 싸안고
물과 햇살을 발라 불길 속에서 숨을 불어넣는다
불이 꺼지고
밀봉의 문이 열렸다

산고를 겪은 도공이 홀린 듯 따라간 가마 속 깊숙한 구석
음각, 양각 없이도 빛을 발하는 푸른 달 하나
어느 영혼을 담았기에
저리도 요염한 눈빛일까

생명이 깃들어진 혼의 빛

풀잎이 먼저 운다

어윈 낮달 아래
강물처럼 슬픔이 일렁인다
가슴엔 빛나는 훈장
두 팔엔 영광의 깃발 끌어안고 속절없이 가버린 젊음들

그 길을 오늘은 누군가가
내일은 또 다른 이들이 간다
덩그러니 남겨진 자들 애절히 이름을 부르고
슬픔은 슬픔끼리 부딪치며 부서진다
진혼곡이 하늘에 울리자
영혼들
산 자를 위로하고
산 자는 울고 있는 풀잎을 끌어안고 엎드려 있다

엇갈린 그리움
산 자와 죽은 자를 오가는데
흐르지도 못하는 구름, 낮달을 끌어안고 있다

커피의 유혹

아이스커피와 대치 중이다
폭염이 떠밀어 쫓기듯 찾은 카페
까만색 찻잔 속
가랑잎 같은 엷은 갈색 라떼
얼음 위에서 흐느적거린다

세뇌당한 맛
달콤한 유혹을 보내는데
세상일이란
소소한 것도 그만큼의 대가가 있는 것
달콤씁쓸한 중독된 맛과
오후의 커피가 주는 불면의 고통 사이에서
흔들리는 눈빛 찻잔 위에 서성인다

사각 얼음
커피 향에 녹아내리자
반은 타의로 긴 숨 한 번 내쉬고
허기진 듯 그 향기에 젖고 나면
밤은

혼의 빛

시나리는 연인인 듯 다가와 잠을 밀어낸다
아직은 팽팽한 균형

늦은 오후
밖은 불같은 열기, 안은 성능 좋은 냉기가
유리창을 사이에 두고 대치 중이다

생강

지난해 가을 해 질 녘
받아든 상자에
가지런히 담겨있는 생강
말갛게 목욕시켜
비닐 옷 입혀 냉동실로
꽁꽁 얼어
차가운 바닥에 대자로 누워
너는 기다림으로
나는 게으름으로
한 해가 가고

하염없이
비 내리는 날
낡은 소파 위에 눌어붙은
또 다른
게으름과 멀뚱멀뚱 시간을 만지다
남은 빚 갚듯
곱게 갈아 달콤한 꿀 병에 첨벙
희희낙락 서로 몸 섞으며

노랗게 익어 가는데

곧 다가올

뜨거운 이별을 알긴 할까

애비

옷을 입고 벗는 일이 버겁다 한다
열매도 부실한 걸 보니 아프거나 게으르거나
바람이 맥을 보려고 나무를 훑고 있다

나무줄기에
얼핏 보면 꽃인 것처럼 미동도 않는 커다란 나비
벌레들도 껍질을 파고들며 허락 없이 알을 낳기 시작했다

하필 홀로 돌무덤 사이에서 버둥거리고 있어
뿌리가 물줄기 찾으려 자갈밭을 뒤지고 있지만
다음 겨울을 버티지는 못하리라

지난해에 힘을 다해 가지 끝자락에 피워낸 복사꽃
열매도 맺지 못하고
오로라 같은 빛을 뿜어냈지만 그뿐이었다

밑동에 잡풀들이 꿈틀꿈틀 싹을 틔우는 틈새로
나무는 바득바득 새끼 줄기 하나 틔워 올렸다
그러느라 제 몸 찢어가며 밀고 밀었으리라

아들의 초대

밥은 며칠째 밥솥에서 누렇게 앓고 있다
건너온 한 줄 어린 날
메케한 저녁연기에
어머니가 쪄 주던 호박잎과 수수 냄새
툭툭 터지던 보리 알갱이가
혼자 먹는 입에
간간이 가시를 돋아나게 했다

음식이 음식 속에서 다시 태어나는 레스토랑
곱게 꾸미고
라임 조명 아래 다소곳이 앉아
여인들의 향기처럼 은밀히 아우성을 하는 곳
아들의 초대에 목에서 여울지는 맛
한 모금의 와인이 길을 터준다

쉬이 가질 수 없는 일상
올라가는 아들의 어깨만큼 뜨거운 맛으로 채웠으니
한동안 가시쯤은 쉽게 삼킬 수 있으리라

꽃들이 기억을

벚꽃이
천지를 하얗게 만들어 놓고 갈 길을 살피고 있다
취한 듯 비틀거리며 날아가다가

꽃잎 몇 개 잃어버린 생을 꺼내 들었다

봄은 웃음을 배반하고 돌아선 날의 기억까지
살을 틔워 새겨 넣으며 덧칠을 했다
더 녹아 버릴 것도 없는 심장 앞에 불을 켜고 되돌아와 서
있다

유성처럼 재앙이 떨어지고

애기들의 꽃목걸이가 비에 젖었다
나무가 쓰러지고 부서진 우산은 끝내 펴지지 않았다
옆 가지가 손을 뻗었지만 닿지 않았다
땅바닥에 던져진 가슴을 아이가 주워 들었다

그 후로는 다시는 돗자리를 펴지 않았다

기억의 꽃들

너무도 환해서 슬픈

비애와 나란히 정물이 되어가는 봄밤

귀향

비행기를 타고 온 그녀는
샤넬 향수를 마구 뿌려대고 있다
흙냄새 한 발짝 뒤로 밀려나고
벚꽃나무 아래 묶여있는 개
킁킁대며 혀를 내두르고 있다
어머니는
굽었던 허리를 펴고
가스레인지에서 잡채를 삶고 있다,
향수 냄새가
윗마을로 다가가자
벚꽃 잎들이 화들짝 떨어졌다

봄을 만지다

돗자리를 펴자 봄이 먼저 앉았다
허리를 구부리고 들여다본다
바람이 달려와 빙빙 돌다가 무릎 사이로 떨어진다

수런수런 수다들이 만찬으로 올라왔다
기억의 갈피에 끼어 두고
그저 그런 날
문득 꺼내 허기를 채우리라
눈을 맞추고 주름을 세 가며
어깨를 토닥거리는 눈빛이 있어 햇살이 없어도 좋았다

철쭉꽃이 투덜대는 바람을 막아주다 짜증을 부린다
다 못 피운 꽃망울에서 들리는 기도 소리에
뭉그적거리는 봄을 떠민다
끄덕이며
웃음으로 맨살을 만지며 간다

철쭉이
바람을 낚아채며 손을 흔든다

나에게

나무들은 옷을 벗고
나는 옷을 껴입었다
재빠른 시간의 간격에
추스르지 못한 마음의 한계 속에서 해가 바뀌었다
나는
내 몫의 생을 조금씩 쓰며 하루하루를 조각해간다

퇴적층처럼 쌓여가는 날들
잎을 보내며 흔적을 남겨 주는 나무처럼
지금은
호흡을 가다듬고 무딘 칼끝으로
내 몫의 종이에 새겨진 그림들을 다듬어야 할 때

눈인 듯 겨울비가 유리창을 기웃거린다
그저
오늘을 잘 살았다고 나에게 한 잔의 술을 내민다

질투

웃지 마라
쪼개진 얼음 조각이 되어 가슴에 박힌다
하나였다가
할퀴고 지나간 폭우처럼 으르렁대다가 반쪽이 됐다
곁눈질로 조이면서 다른 이와 웃음을 섞고 있는 너
뿌려대는 설한풍도 이리 쓰리지는 않으리

겉돌고 있는 패배자
너를 안을 수 없어 서럽다
아직 하직은 하지 말자
돌 속의 눈물을 끄집어내어 너에게 바치리

오늘
너의 나무에 매달려 있는 몇 개의 잎새에 흥건히 물을 뿌렸다
흙이 입을 다물면 밤의 폭우도 비켜 가리
방향을 잃은 너의 웃음이 나를 찾아와
작은 새처럼 내 안에서 퍼덕일 때
너를 안은 나의 팔
다시는 풀지 않으리

한 장의 수채화

대문에 들어서면
국화 향이 달려오는 시골집
간밤에 돼지가 새끼를 열두 마리 낳았단다.

아버지는 돼지우리에서 나올 줄 모른다고
어머니 우물가에서 쌀 씻으며 구시렁거린다.

메케한 연기가 부엌문을 잡아 흔드는 아침
다 내다 팔았다던 달걀이
아버지 밥그릇에 알을 품었다.

아버지는 동생 곁눈질에 슬쩍 건네주다
흘겨보시는 어머니 눈치를 본다.
문풍지 틈으로 들어온
밥상 위의
한 줄기 햇살 속에서 먼지가 춤을 추며 날아오른다.

담겨진
한 장의 수채화

입맞춤

거우 틔워낸 여린 잎

춘설에 꾹 다문 입술 위로

쌓이는 눈송이

처음 해 본 입맞춤

놀라 가만 숨 참다가

슬쩍 눈 떠보니

꿈인 듯 홀연히 떠났네

바다에 뜬 별

어쩌다
生과 死가 부딪쳤을까
때도 아닌데
나뭇잎처럼 떨어져
수중에 별이 된 아이들
혼자는 아니야
달이 내려오고
누운 세월 깨워
하늘이 별들을 띄웠다
구름 너머로
옷자락이 보인다
어깨 위로
울음소리 멈추질 않는다
파란, 아니 검은색인가
얼마나 부서졌기에
조각난 가슴들이
바다 위를
둥둥 떠다니고 있을까

업보

그때는 몰랐다
사랑이라 믿었던 것들의 허상을
여자가 구걸해서 얻은 건 남자의 욕정 한 줄뿐이었다
어미가 된 지 오래지 않아 빈 깡통처럼 버려졌다
벌레 껍데기 곁에 시체처럼 누워
심장에서 지르는 비명 소리 듣는다
도둑맞은 새끼가 머리칼을 뽑고 있는데 손이 허공에 매달려 있다
퉁퉁 부은 아침이 가져온 축축한 죄가 굽은 등을 타고 오른다
누렇게 죽어 버린 꽃을 가슴에 품었다
강물 속에서 찢어진 심장이 마지막 피를 쏟아낸다
더 내줄 것도 없는 삶
낡은 천 조각 같은 몸뚱이에 달라붙은 업보를 가슴으로 끌어안았다
자신의 업보라던 늙은 어미가 눈을 감았다
또 하나의
상계되지 않는 생이 빚 뭉치처럼 쌓였다

어떤 일기

   그날 인경이 울더니 물줄기가 끊겼다
   달이 빈 밤에 귀머거리의 손짓처럼 갈라진 목에서는 소리가 들리지 않았다
   등 돌린 풀잎도 돌아보지 않았다

   다음날
   땅을 흔드는 마른 절규가 밑으로 가라앉아 하늘은 미처 듣지 못했다
   칠흑의 어둠을 빌어
   비명은 저들끼리 부딪치며 기어이 새벽을 몰아냈다

   그다음 날 검은 옷자락 따라다니며 울어대는 까마귀
   사랑받지 못한 하늘이 쥐여준
   죽음으로 기어가는 비명을 듣지 못한 이가
   물기가 사라진 입술에 흰빛을 물고 차디찬 하늘 향해 목을 길게 빼고 있다

   목줄기를 움켜쥔 하늘은
   내내 눈을 감았다

달아난 기억

꽃잎이 문을 두드리는 날
분홍 옷을 입은 할머니
몇 개의 꽃잎 머리에 얹고 멍한 얼굴로
잃어버린 집을 찾는다

우렁이 껍질이 되어버린
그녀의 뒤로
숨어버린 기억의 구석에서 찾은
봄 향기 한 줄 따라나섰을까
그저 잠시 노을 속에 숨어 있었다고
이제는 돌아와
꿈처럼 깨어날 때라고 흔들어볼까

하얘져 가는 뇌로
막이 내린 까만 무대 위에서
홀로 몰입하는 연극배우가 되는
두려움이
꽃잎처럼 쏟아지는 봄날

명절 즈음에

기억의 옷을 벗기고
삐걱대는 시간을 헤집으며 사라진 집터로 간다.

눈을 깜박거려도 열리지 않아
숨을 가다듬고
퍼즐을 풀 듯 하나씩 맞춰보지만
흐릿한 그림들만 뇌리에서 부산하다.
금 간 기억들이
어린 추억 위에 잡초처럼 무성해
투명하게 되돌아본다는 것은
불가능할 뿐이라고
그저 아지랑이처럼 피어오르게 두자고
덧문을 닫듯이 덮는다.

어머니가
길 잃은 달을 기다릴 그 집마저도

올라가기

무심해서일까
기어이 올라가 꽂인 듯
화려하게 채색하고 보란 듯 벽에 붙어있다

서로 끌어안고 견디어 왔을까
혹은
먼저 오르려 끌어내리고 밟아서 밀쳐냈을까
벽 하나 붙잡지 못해 시멘트 바닥에 엎드려 있는데
저 혼자
닿아야 할 곳이 어디인지
그저 오르려고만 하지
그 끝이
허공이라는 것은 아무도 모른다

새끼 담쟁이가
혼신의 힘으로 담 벽을 붙잡았다
그래,
올라가는 거야

벼룩시장

헌것들이 몰려왔다
질서도 없이 이것저것
길 위에 나뭇잎처럼 펼쳐 놓아지고
뿌연 먼지도 햇살 속에 춤을 춘다.

꽃잎처럼 날아다니는 소음 속에서
빨간 립스틱 아가씨
활짝 핀 나팔꽃같이 입을 크게 벌리곤
헌 옷가지 흔들어 대며
힐끔거리는 사람들 끌어당긴다.

새벽에 끌려왔다는 딸기는
부대껴 반쯤 주저앉았고
면도도 못 했다는 털보 아저씨
유기농이라며 우적우적 먹어 보인다.

엄마 따라온 아이가 묻는다.
"벼룩은 어디 있어요?"
터진 웃음소리

장마당에

와글와글 벼룩이 가득하다.

부메랑

바다는 바다끼리 맞붙어
은밀히 산자락을 잡아당겨 마르지도 젖지도 않는 곳
당산에 뽕나무가
달그림자에 앉아 유리창에 볼을 비비던 고향
내 몸의 반쪽이었던 땅
나는 오래전에 버렸다

내가 없는 동안
엎드려 있던 집들은 수직으로 뻗은 빌딩 밑에 묻혔고
술 취한 가로등만 파랗게 흐느낀다
어디로 데려갔을까
나를 가둔 기억들은 어디로 이식되어 갔는가
추억은 어느 웅덩이에 엎드려 있는가
별처럼 흐르던 개울은 물줄기가 끊겨 바다를 노래하지 않는다
나를 알던 이들도 오래전에 죽었다

퇴색된 세월만 굴러다니는
파도가 방파제를 넘실대는 이 수렁 같은 고향

부메랑처럼 돌아와

쪼개진 틈새에서

시멘트가 묻어버린 어미의 젖 냄새를 찾고 있다

고로쇠 물

수액이 몸속을 흐른다
영혼까지 맑게 씻어 줄까

물줄기 찾아서
땅속 깊숙이 더듬거렸을 뿌리
움 틔우려
우듬지까지 숨차게 끌어올리는데
모세혈관 곳곳에 구멍 뚫린 채
빨리고 힘없이 늘어진 줄기

내게 오기까지
가파른 산골짜기 헤집었을 노동의 무게
내가 마신 건
나무의 피와 살
그리고 누군가의 땀
내 생은 한 뼘쯤 늘어났을까
나무의 수명은 두 뼘쯤 줄었을까

나직이 들리는 신음 소리 여러 개

아야어여

입을 다문 지 오래
그의 소리는 목젖 아래에서 갇혔다
정수된 물소리처럼 맑게 흐르던 소리
내려친 된서리가 눈은 뜨게 하고 소리를 가두었다

폐쇄된 정적
무언의 유배
그 공포의 여로에서 확장되어 가는 동공에 검은 눈물이 고인다
목울대를 내리며 주름을 펴고 부풀어 오르는 폐
천식이 들어앉은 가슴이 휘파람을 분다

아야어여
닫힌 통로에서 변형으로 가던 생의 끝에서 불러보는 노래
시작된 옹알이 굳어가던 목이 움찔 힘을 푼다
막혀 있던 귓속에서 비명 같은 신호음이 새어 나온다

커지는 노래
정적이 깨지는 불빛 같은 소리

우울

그가 떠나고 하나의 심장을 잃었다
그리고
몇 날째 비가 내렸다
나무가 울고 새들은 날개를 접었다
불을 켜지 않는 침울한 방
눈물처럼 유리창을 붙들고 있는 빗물
남쪽에서 바람이 불지 않았으면
흐르지 않았을지도 모른다
그러나 나는 내일이면 물길 따라 바다로 추락할 것이다
바다에는 아무것도 없다
그때처럼
허술한 난간을 붙잡진 않으리라

누군가
심장을 내밀어도
내게는 더 이상 담을 아무것도 없다
이미 심장을 잃었다

제3장
가지에 걸린 연

가지에 걸린 연

여자는
죄는 아니라고 이브의 사과는 그저 과일일 뿐
과일은 따는 거라며
마르지 않는 혀로 악마처럼 귓속에다 속살거렸다
뱀처럼 매끄럽게 비비 꼬아가며
또아리를 틀어 조였다 늘이며 제 것이 아닌 것을 길들이고 있다

길들여진 남자는
빈 술병처럼 제 것을 던져버리고
충견이 되어 여자의 치마폭에 집착했다
롤러코스터에 중독돼
끓어오르는 야유, 맛있게 마시고
사랑을 방패처럼 앞세운 그들은 당당하다

줄은 끊긴 연
나뭇가지 끝에서 바람에 찢기거나 혹은 날아가거나

겨울 꽃

된서리에
밭은기침으로 꺾인 생

가만,
가지 끝에서
가쁜 숨 몰아쉬는 꽃망울 몇 개
찬비에 떨며 이생을 움켜쥐고 있다
금방 숨을 거둘 것 같아
내밀어 본 손

무딘 손끝에 닿는 생이 아직 뜨겁다
젖은 기억 하나 붙잡고
첫눈까지는 가고 싶다 한다
그것은 떠나기 위한
마지막 생의 줄

빛바랜 꽃잎
까닭도 모르고 간다고 쑥덕거린다

소멸

사람 냄새가 사라지자
마을을 수호하던 느티나무, 한쪽으로 기울었다

덤프트럭들이 은밀하게 땅을 훑고 간 후
땅이 부풀어 오르며 앓기 시작했다
비닐로 밀봉시킨 세균들이 발효되며 검은 물이 흐르자
짐승들
달도 못 채운 새끼들을 줄줄이 흘려보냈다
생물들은 너도나도 씨를 거둬들였다
마을 어른들
조상의 뼈와 태를 묻은 곳이라며 빈 몸으로 버티다가
온전히 비워지자
뿌리를 한 줌 흙으로 허리춤에 매달았다

나무만큼 살았다는 고택
빗장 풀린 문에 기대어
일렁이는 파문을 주고받으며 빠르게 허물어져 갔다
사방에서
귀신의 울음처럼 그렁그렁 앓는 소리

가지에 걸린 연

소멸을 몰고 오는 낯선 냄새에
마을을 수호하던 나무
천둥 치던 밤
스스로 가슴을 내주고 뿌리 옆에 누웠다
몇백 년을 써 내려온 역사의 다이어리
타의에 의해 완벽하게 소멸되었다

그렇게 찾아다녔던 관료들은
읍내 신축 아파트 현장에 엎드려 있었다

짝사랑

나는 알았네
그대가 나를 향해
메마른 가슴에
씨를 틔우고 꽃을 피우는 걸

안으로는 질퍽한 애증으로
생살을 틔우는 고통을 견디며
겉으론 애절한 눈빛으로 내 눈동자 쫓아오지

나는 모르는 척
그대의 눈빛에서 달아나
구름에 매달린
꽃들을 탐해
향기 쫓는 벌처럼 헤매지

밤하늘에 별 꽃이 가득 새겨지면
그대는 눈물에 젖어 사랑의 세레나데를 부르고
나는 멈춰 서서
날아가는 그대 향기 소리 듣고 있지

가지에 걸린 연

바람났네

오뉴월 불볕 아래 타는 잎
뜨거운 줄도 모르지
차가운 줄은 더 몰라

햇볕에 저리 뜨겁게 밟히면서
질척하게 매달려 있어
나무를 버리지

속없이 바람이라도 닿으면
좋아라 흔들어대지
그래 봤자 한철이지

지푸라기 같은 사랑이지
나무에 휘둘리다
기어이 떨어질

절밥 한 그릇

보름달 닮은
둥그런 양푼 속
색깔도 선명한 삼색 나물에 하얀 쌀밥
사월 초파일 진관사에서는
만 그릇도 넘는
비빔밥이 주인을 기다리고 있다

한 그릇 받아들고 무심코 내려다보니
누군가의 투박한 손길
조용한 봉사와 배려 그리고 어울림이 담겨있다
나를 비운 그 자리
연민을 담아야 비로소 보이고
손을 내밀 수 있는 것

섞여야만 살아갈 수 있는
주는 이도 받는 이도 연꽃처럼 피어나는
소박한 한 그릇이
큰 울림이 되어 목을 타고 흐른다
'나무아미타불 관세음보살'

가지에 걸린 연

낮게 더 낮게 내려놓으며 합장하게 해
저만큼
늙은 소나무 빙그레 웃음 짓는다

막걸리 사랑

뽀얀 얼굴로
커다란 사발 속에서 출렁이며
향기도 없는 것이 시큼히 유혹하고 있네

슬쩍 맛본 입맞춤
목젖을 타고 찌르르 흘러내려가
가슴을 마구 헤집고 있네

보이는 건 오직 뽀얀 얼굴 뛰는 가슴
흐릿한 눈동자 뜨거워진 걸 보니 다시 만난 첫사랑이네

에라
영혼도 풀어놓고 그냥 부어라 마셔라

어차피 반만 남아 흘러가는 길인데
알량한 고뇌 따위는 던져버리고
그 속에 파묻혀 늘어지자

바람도 늙어 가는데 취한 사랑인들 어떠리

가지에 걸린 연

외도를 꿈꾸다

내 몫이 아닌 그가 걸어왔다
돌아보지 않아도 안다
등에 달라붙은 눈빛에 가빠지는 호흡

팽팽한 조임이 애매하게 느슨해졌지만
멜로는 아니고 주인공은 더욱 아니라고
맑게 큰 줄기로 흐르던 감정이
여울목에서
잠시 탁해졌을 뿐이라고. 그러다가

그러다 문득
그친 빗소리마저 쉼 없이 들릴 때
그럴 때면
그를 연애편지처럼 봉투에 담을 순 없어도
슬그머니 봉투를 열고 그 안에 들어가고 싶다

감정의 외박
강하게 혹은 약하게 점멸등처럼 깜빡이며 유혹한다
그도 그럴까

재회

어쩐지
밤새 뒤척였어요.
낡은 아파트 이 층
베란다 문 삐걱대더니
목련이 환하게 웃고 있네요.
온다는 소식에
이때쯤이려니 서성였는데
밤이 깊어갈 무렵까지
흔적도 없더니
화들짝 놀라게 하네요.
두근거리는 재회에
너는 나를 보고
나는 너를 보면서
너의 향기를 넣어 차를 마신다.
그러면서도 혹여
이내 가버릴까 봐
나는 또
밤새 뒤척이겠지요.

가지에 걸린 연

삭제

빗장이 풀리고
고여 있던 물이 빠져나가자
뻘 바닥이 드러났다
썩어가는 조개들이
물고 있던 뻘을 토해내기 시작했다
분수처럼
솟구쳐 오르는 미투 미투
역한 냄새가 연기처럼 피어올랐다
짜여진 프레임 안에 도둑처럼 숨어
막대기를 휘두르며
굵은 획을 그었던 신화들이
끓는 물 속에서 펄펄 뛰다가 뻘 속으로 내팽개쳐졌다
벌떼처럼 분주히
쾌락이라는 패를 흔들어 댔으니
봉인이 뜯길 수밖에
줄줄이
삭제 삭제 삭제

와줘서 고맙다

바스락거리며 가을이 왔다
시간의 간격을 세며
물의 기억을 붙잡고
모천으로 회귀하는 연어처럼 돌아와
빛깔 고운 웃음으로 허공을 딛고 서 있다

허공은
무채색의 여백일 뿐이다
무형의 그곳을 모두가 지나가고
우리도 따라간다

지나간 것들은 매번 돌아와
세월을 굴리고 있는데
돌아오지 못하는 사람들이
돌아온 가을을
온몸으로 껴안고 있다

가지에 걸린 연

못된 사랑

사랑 그놈
참 더럽고 못됐다
떼를 쓰듯 달라붙어 흔들고
불덩이라며 심장을 내밀며 육신을 달구어 취하게 하더니

한 계절이 다 가기도 전에
찢긴 신문 활자처럼 연결되지 않은 단어들로
뿌려대는 말의 유희들
행간이 읽히지 않아 해독할 수 없는 언어들로 멍한데

가만,
커다란 활자로 붕 떠올라 가슴에 박히는 단어
어느새 이별이란다
보채다 장난감 받아 들고 킥킥거리는 애처럼 웃으며 그는 돌아섰다
선잠에 개꿈처럼 깨져 버린

사랑 그놈
참 더럽고 못됐다

겨울을 털다

입춘이 지나자
해가 서둘러 떠올랐다.
널빤지처럼
딱딱했던 호수가 속울음을 운다.
세 들 듯 갈대숲에 의탁했던 오리 가족
주둥이를 들고 날개를 턴다.
바뀐 바람 냄새에
숲은 마른 몸을 일으키고
덤불에서 숨죽였던 딱새
우듬지에 올라 심호흡을 한다.
들큼한 땅의 냄새를
기억하는 농부의 아낙
겉옷을 벗어 던지고 호미를 들었다.

사방에서 불어대는 겨울 터는 소리

가지에 걸린 연

친구

오래전부터 담겨 있었다.

꺼내 볼 때마다

한 움큼씩 자라난다.

너무 커져서

눌러도 들어가지 않는다.

이제는

때도 눈치도 없이

튀어나온다

먼 곳에 친구도 그렇다

추석

초록 대문 들어서면
우물가에 늙은 감나무
씨알 좋은 놈들을 주렁주렁 매달 즈음
꼽은 손가락 펴지면 새끼들이 오는 날이다
엄마는 우물가로
매캐한 연기 속으로 분주하다가
달이 나뭇가지에 걸리면
부리나케 정안수 앞에서 두 손을 모으셨다

흑백사진처럼 고향이 떠오르는데
쏟아부은 듯
도로 위를 가득 채운 자동차들
뿌리를 찾아 빠져나간 여백의 도시
삼십층 아파트 숲 사이로 달이 힘겹게 올라온다
건조한 세상
도시의 아이들은 무엇으로 추억할까

시멘트 벽처럼
답답한 가슴을 헤집고 달이 걸어온다

가지에 걸린 연

통곡

유월이면
숨찬 그들의 노래가 들린다
핏빛이 된 풀잎 위에
떠도는 노래
바닷물이 솟구치고
바위가 쪼개지는 소리
고개를 흔들어도 들리는 노래
쌓이는 유월
쌓이는 노래
하늘도 모르는 그들만의 통곡

세월의 벽

한 움큼의 시간이 빠져나가고
그는
하얘져서 벽과 벽 사이로 들어갔다
노래가 되고 시가 되던 날들은
구석진 한 켠
빨랫줄에 널려 있고
닳아지지 않는 추억들을 허리춤에 매달고

밖은
시큼한 눈으로만 바라보는 그리움의 세상
얇아진 다리로 갇힌 벽 사이 서성이며
기웃거리는 건 바람뿐인 작은 창문 앞
한 줄
걸음 소리 잡으려 그림자 돼 서 있더니
그도 보이지 않는다

이제
그 벽 속에 굴러다니는 건 말 없는 소리뿐

가지에 걸린 연

흔적

붙잡지 못한 이별에
튕겨나간 시간들

한바탕 소나기가 물고 온 가을
텃밭에 울음 먹은 붉은 고추들이 땅에 누웠다

오늘
남편의 메모장을 찾았다

아내의 생일,
하트 메모, 사랑 타령 한 묶음,
프리지어 꽃다발,
여행지 탐색,

100세까지 종신보험
검진 예약

격한 파문
떨어트린 메모장

여수(旅愁)

덕지덕지 덧칠해진 틈 사이에서 옛집이 얼굴을 내민다
나 없이도 훌쩍 자란 나무
닦이지 않는 눈물 자국같이 듬성듬성 이끼를 안고 있다
밑동에 줄장미가
나를 따라나선 듯 초록의 이끼를 물고 있다

수십 년을 갉아 버리고도 여전한 그 길 위에서
얼굴 둘이 젖었다
울다가 웃다가 잡은 가슴에서 몸을 따라다녔던 반생이 쏟아진다
만 번도 더
하나로 살자고 걸었던 손가락은 굽었고 등도 굽었다

나뭇잎에 막힌 서로에게 가는 길
약속은 하늘에다 띄워놓고 부르면 닿을 줄 알았다
닿지 못했던 시간들은 옛날처럼 하얗게 늙어버렸다
모래톱 너머 바다
잃어버린 그 축축한 입 냄새가 뒤뚱뒤뚱 걸어 나온다

가지에 걸린 연

다시 걸어보는 새끼손가락

오래지 않을 시간

바람이 걸어가는 길에서 놓지 못하는 두 손

가뭄

구름아
서 있지 말고 비로 내려다오
땅도 들도 아프다
지구는
네게 기대어 숨 쉬는
작고 여린 하나의 푸른 별
아주 멀리서
돌아오는 빗소리에
마른 짐승도
휘적휘적 일어나게
빗물에
젖어 젖어
이제 막 피어나려는
목마른
접시꽃도 활짝 웃도록
그 모습에 향기에
너와 내가 몇 날이
행복하도록

기억이

성탄절 행사를 위해
회원들의
빨간 사슴뿔 머리띠를 주문했다

부산함 속에
두 개의 값이 어긋났다
기억이 기억을 몰아넣어 버무려진 채
열리지 않고
나무 밑동처럼 잘려 버렸다

창밖엔 어제 쌓였던 눈이 녹아서
사라진 기억처럼 아스팔트로 스며들었다
그 길 위에 철없이 떨어진 나뭇잎들
눈비에 갇혀 있다

내 기억처럼

산다는 것

리모컨 누르면
세계가 주렁주렁 매달려 온다

이라크에선 오폭에도
움직이지 말라는 지침, 왠지 익숙하다
식량은 물은 알라가 해결해 준다나
태평양을 건너간 하얀 나비
소녀상은 겨우 날개를 접고 의자에 앉았다

코리아
A4 용지 수십 장으로도 모자라는 사건들이 진동하고
세계가 열리고 닫히고
먼지는 오고 또 오고
문 꼭꼭 여미고 리모컨으로 더듬는 지구
산다는 것은
한 아름의 한숨에
웃음 몇 가닥 끼워 넣는 것

제4장
기어이 이별

기어이 이별

이 새벽
저 건너 바다는 이별을 싸 들고 문 앞에서 질척거린다.
뿌리째 뽑히면서도 나무는 소리를 내지 않았다.

심장이 튀어 올랐다.
탯줄로 묶인 어미의 입김이면 끊어지려는 삶의 줄이 이어질까.
웃음과 맞바꾼 통곡을
하얘지는 핏줄 위로 쏟아 내며 한 줄 온기를 붙잡고 있다.

하얀 웃음으로 벽을 바르고 붉은 심장으로 아침을 살았다.
눈물을 몰랐던 날들이 달려 나가고
기어이 이별 되는 시간이 벽에 먹물처럼 뿌려진다.

사방에서 웃고 있는 그 얼굴. 가슴에서 파란 냉기가 쏟아진다.
하늘이 외면해 죽음을 받아 든 손 이보다 더한 천형이 있을까.

눈물을 뚝뚝 떨구며 별 하나 졌다.
이 새벽에

가을이어서

거리에 흐느끼듯 바람이 불고
젊음에 북적대는 도시 속에다 나를 던져
개울물에 떠가는 나뭇잎처럼 휩쓸려갔다.

모퉁이에서
서점도 기웃거려 보고
낙엽 빛깔 립스틱도 고르다가
찾은 베트남 쌀국수집
수런수런 싱싱한 소리들 사이
면역력 강한 척 앉았다.

이름도 알 수 없는
향료들. 낯선 자극 거부하는 입맛.
그들에게서
소외되는 이질감을 도둑처럼 숨기며
소스를 듬뿍 찍어 익숙한 맛인 듯 꿀꺽 삼켰다.
오늘 나는
아주 조금만 젊음을 훔치고 싶었을 뿐이다.
그저 가을이어서

꽃을 따다

묵은 세월
이고 서 있는 낡은 집 뒤란
한 뼘 땅에
늙은 무화과나무 세 들어 산다
좁아서 웅크린 뿌리
바람도 햇살도 가난해 생기도 없는 게
창문만 가리고 서 있다고
몇 번을 베어 버리곤 했다는데

나무는 기어이 살아
세를 내듯 드문드문 열매를 매달았다
한생 동안
꽃 한번 피워 보지 못하고 늙어버렸다는 주인이
꽃도 없이 맺은 열매를 따고 있다
어쩌면
꽃으로 살아온 생이
꽃을 따고 있는지도

기어이 이별

나였으면

백화점 문을 밀었다

앞선 계절이
곱게 꾸민 신부처럼 앉아 있는 부스들
흔들리는 시선
등을 펴고 숨을 내쉬며 다가가 환상을 잡았다

빼어난 몸매에 잘 차려입은 마네킹 따라
슬쩍 밀어 넣어 보는데 뭉띤 몸이 고갯짓을 한다
방향 잃은 손
코트 주머니로 슬그머니 뒷걸음친다

높은 굽의 구두를 신은 여자
거부당한 내 열망
가뿐히 가로채 당당하게 젊음을 밟고 있다
슬쩍 바라본 다 가진 여자

그 여자가 나였으면

노년을 물에 풀다

"쿵짜작 쿵짝"
트로트 맛있게 울리고
물 밖에선
절룩절룩 고장 난 몸뚱어리들이
뒤뚱뒤뚱 다리팔 좌우로 뻗으며
물의 부력 디디고 뛰어오른다
박자도 동작도 의미는 없다

셔틀버스에 가방 메고 등교하듯
결석도 졸업도 없다
저만큼 밀려나
어디 하나 디딜 곳 없어
느지막이 붙잡은 유일한 호사
노년을 물에 풀어 넣고
잠시 젊음도 되돌려 넣고
날개를 펴 잃었던 자아를 느끼는 시간

이들의 불로장생은 물속에 있다

기어이 이별

떡국 두 그릇

문틈으로 들어온 설날
적막함이 벽 사이를 흐른다
티브이 볼륨을 키워 소리를 채우고
꾸역꾸역
떡국을 삼키는데

현관 벨 소리
순간
더하고 빼며 빠르게 조각되는 얼굴들. 행여나
잽싸게 문을 연다

옆집에서 건네준
무병장수를 빈다는 길고 가는 떡국
두 그릇 삼켰으니
얼마나 많은 설을 허망이 비워야 할까

욕심

춘설이 내린다기에
벚나무는
간밤부터 가지들을 길게 내밀었다
눈은 서로
부딪히거나 겹치지 않게 두런두런 얘기하며
살포시 내려앉았다

눈송이 받아 안고 킥킥거리다가
맞은편
버들가지 새잎에 송알송알 매달린
눈꽃을 보더니
가지 끝 힘주어 쭉 뻗어보려다
스르르 빈 가지 되었다

아차
하늘 향해 휘적거려보는데
하늘이 말하길
춘분이라 툭툭 털어 보낸
마지막 서설이었다

기어이 이별

입동 즈음

무서리 내리고
겨울 냄새 안개처럼 스며들면
가을이 가야 할 때
아직은
사방에 낡은 의자처럼 앉아 있는데
빈 들녘에서는
가을 태우는 연기가 피어오른다

꺾인 햇살이
힘을 잃어 무지렁이처럼 부서지면
슬픔 같은 추억 몇 장
마른 가지에 걸어 두고
긴 숨 몰아쉬며
차디찬 산허리 돌아서 가는데
어느 창백한 바람이 붙잡을 수 있으리

부릅뜬 눈으로 겨울이 서 있는데

낚시꾼

성산포 앞
소리 없는 어둠의 바다
초보 낚시꾼에 걸린 갈치, 혼신을 다해 은빛 춤을 춘다.
팽팽한 줄다리기
서투른 사투에 꼬리를 잡아채 가는 파도
툭 끊긴 줄
긴 기럭지로 유유히 유영하다가 꿈처럼 수면 아래로 사라진다.

다시 던지는 줄
소금기에 몸을 절이며 밤과 낮을 걸어 보내고
건져 올리지 못한 빛줄기
입덧의 여자에게
은빛을 건져주고 싶은 남자
아득한 바다의 길
젖은 몸을 소주잔에 풀어 넣고 돌아가는 성산포구에
불빛처럼 앉아있는 여자

늙음

서쪽 하늘 밑
작은 포구. 지나던 노을이 서 있다

한 모퉁이에 늙은 배 한 척
쭈그러진 얼굴로
삭아져 버린 그물 한 움큼 안고
얕은 물에 흔들흔들

바람을 건너 파도를 타며
바다를 다 건져 들었나
돌아온 제자리 빈껍데기만

텅 빈 걸 알았나
갈매기
못 본 척 비켜 가는데
물속에 있다고 외로움 삭겠냐고

돌아선 노을 혀를 끌끌 찬다

신륵사의 겨울

단풍이 떠나고
사람들도 뜸했다. 나목은
마디마디 눈을 담아 고행하듯 차가움을 견딘다.
머지않아 살얼음이 조여 오면
강은 겉을 내주며 속울음을 울며 가리라.

작은 배는
멈춘 듯 흐르는 강 위에서
쪽잠이 들고
불심마저 계절 속에 빛이 바래
염불 소리 희미해지면
전탑과 강은
또 한 겹의 세월을 포개어놓고
서로를 바라보며 긴 침묵 속에 침전하리라.

우리들은
머지않아 애초에 없는 듯 사라져 가리라.
천년을 이고 선 고찰처럼
담겨 있는 시간이 무겁다.

기어이 이별

애착

"쓸어버리지 마세요."
떨어진 잎
길 위에서 소리친다.

나무에 매달려
시가 되고 꽃이 되어 서로 바라만 보다가
낙엽 되어서야
두 가슴 포개어 누웠는데

바람도 저만큼 서 있고 아직
기다림도 남아 있는데
"잠시만 두어주세요"
매달린 친구가 내려올 때까지

길에서
한 생애를 마친 나뭇잎들이 외친다.
바스락바스락

자매들

한옥마을
일렁이는 젊음들 사이로 허연 머리 셋이 서다 걷다 한다.

흩어져 뿌리를 내려 제각기 설움 하나씩 매달았다.
멀리 있어도 맡아지는 비릿한 피붙이 냄새
계절을 건너서 얼굴을 부볐다.
옛집인 듯 빛깔 고운 어머니의 저고리가 다가온다.
차와 추억을 올려놓고
웃다가 울다가 끌어안으며 시간을 잡고 있다.

몇 번을 더 볼 수 있을까
제 몫의 시간들이 달아나며 하나씩 빼앗아갔다.
심장은 요동치고 다리는 비명을 지른다.
천년만년 살 수는 없는 것. 다만
오늘 두어 끼의 밥이 몇 계절을 견디리라.
서로 묶인 끈을 바짝 조였다.
패인 주름이 마주 보며 웃는다.
내년에 가져올 웃음이다.

기어이 이별

세 갈래 길

저만큼 가다가 서로 돌아다본다. 아! 어머니 얼굴

아까운 그 이름

허리가 꺾인 통한의 달
하늘이 사라져 버린 하늘에서
영혼들이 내려왔다.
구멍 뚫린 가슴들이 흘리는 눈물의 강에선
새들은 노래하지 않는다.
우두커니 앉아 있는 향기 없는 꽃들
우두커니 앉아 있는 사람들
부르기도 아까운 이름
마디마디 깨우려는 듯 토해내는데
목이 메인 새 한 마리
저승을 돌아온 듯
허공을 맴돌다 땅에 앉는다.
늙은 어미
손바닥에 무덤에 핀 풀잎 몇 개
제 새끼처럼 움켜쥐고
이승과 저승을 부르고 있다.

설인가

소멸되는 시간
다가오는 시간
둘이
옷깃을 스치듯 엇갈렸다
같은 시간에
잠자리에 들었다

어제와
똑같은 날인데
새해 첫날이란다
나도 설이라고 했다
아무도
듣지는 않았다

요양원

늘 겨울이던 날
서리 낀 유리창에 기억의 새 한 마리
먼 숲을 보았나
닫힌 창에 붙어 날갯짓을 하고 있다

하나둘
떨어트리는 날개
뭉텅뭉텅
빠져나가는 생의 끝자락에서 틀어잡고 있는 이름 하나

죽는 연습을 하다가
하늘을 날고 있을 작은 새를 찾는다
가끔씩
날아와 앉았던 뜨락의 정원에 겨울비가 내린다

기억으로만
숲으로 날아가는 새

매일 하는 연습

기어이 이별

홀로 서는 무대에 막이 내리면

한순간 메워질 그의 부재

퇴색된 건물 입구

끄덕이는 시계추에 달라붙는 시간들이 모질다

하필이면

돌아서 가던 뒷길에서
마주친 두 여자 눈에 불이 켜졌다
묵혀진 앙금의 꼬리가 혓바닥에 달라붙었다
목구멍 안에서 날름거리는 더 긴 꼬리
팽팽해진 기 싸움
파래진 두 얼굴이 거울 보듯 닮았다
원인을 던져준 남자
뱀의 혓바닥으로
누런 입내 나는 핑계를 대며 언저리를 맴돈다
남자와 눈이 마주치자
억울한 여자 더 서러운 여자
둘이 지르는 한 서린 소리 끝에서 쏟아진 눈물
한 그릇에 담긴 사랑과 독
알면서
뺏기고 뺏어가며 마셨다

기어이 이별

홍련암

바닷물이
힘을 다해 절벽을 오르려 한다.
절벽 위에 작은 절이 얹혀 있고
절 안에 부처가 앉아
물이 하는 짓을 보고 있다.
사람들이 수없이 절을 하고
바다도 덩달아 절을 받고
부처가 되고 싶은지
하루에 몇 번씩 몰려와
몸을 말아 밀어 넣는다.
절 안에 부처는
반쯤 감은 눈으로 웃고 있다.
물은 물이다.

사라진 하늘

저절로 가는 걸음처럼
검은 옷을 입은 여자가 산길을 간다.
무섭도록 지친 얼굴
열리지 않는 입
무리에서 내몰린 한 송이 꽃처럼 향기를 숨겼다.

하늘이 사라지자 구름도 자멸했다.
이상하게
모든 것들이 힐끔거리며 비켜 가고 있는 것처럼 보인다.
저 너머
여전히 와글거리는 세상에서 격리돼 타인이 됐다.

여자의 것에서 빨려가 버린 웃음이 무덤 속에 있다.
함께 묻혀 반만 남은 심장이 과거로 뛰어들며
침몰하려는 듯
무덤 속에 갇혀 버린 슬픔을 빨아대고 있다.

기어이 이별

그런 거지 뭐

커지는 박수 소리
한바탕 날갯짓을 한 여자가
핑크색의 긴 머플러를 바닥으로 끌며 웃고 있다

경매의 승부사처럼 또 한 번 낚아챈 상
스멀스멀 풍기는 구린내
겉은 약삭빠른 카멜레온
내장은 온통 검은색
새어 나오는 악취는 숙달된 미소로 감추고
깔고 앉은 부를 흔들어대는 손끝에
반쪽 정신을 담보로 물물 교환하듯 상을 내민다
목소리를 높이는 음악이 볼멘소리를 삼킨다
불쌍한 꽃들
목이 꺾인 채 무대에 들러리로 서 있다
한참을 뒤로 밀려난 이들 돌아서며
그래,
그런 거지 뭐

위험한 중독

1 남자는 여자의 이탈에 출구가 없는 방에서
돌아오지 않는 여자를 향해 화살을 날리고 있다
빗나간 화살들이 남자의 심장처럼 부르르 떨었다
손이 힘을 잃었거나 처음부터 정조준을 하지 않았을 수도
영역을 사수하는 사자처럼
두 개의 불덩이를 들고 어둠 속에 파수병처럼 서 있다

2 여자는 욕망에 지배당해
매번 모래성처럼 경계가 무너졌다
그들은 윤리를 벗어던지며 쫓기듯 가까운 숲으로 들어갔다
악마의 입처럼 어두웠으므로 거칠 게 없었고
중독된 타는 매운맛이 혀를 자극했다
허기는 자꾸만 허리 위로 올라왔다

숲속에서 숲을 찾고 있는 여자

3 출구가 없음으로 여자는 안개처럼 스며들었다
돌아온 여자는 남자를 안았을까? 그리고 남자는
밤새도록 불은 켜지지 않았다

기어이 이별

버리기 연습

당산나무
잔가지 위에서 바람끼리 충돌했다
언제부터 있었을까

수많은 가지들을 잘라내고
삐걱대는 평상에다
가슴을 풀어놓은 이들의 몸속을 헤집고 들어온다
옷섶을 여미지 못하는 어미는
알갱이를 잘게 찢어 보내고 고목의 껍질이 되었다

돌고 있는 피. 똑같은 색.
섞일 수 없어
그들만의 세상에서 튕겨져 나온
절름발이 귀머거리의 세상

가슴에 붉은 카네이션은 오래전에 시들었다
누구와 꽃을 피울까
뿌연 눈 속에서
오만가지 바람이 충돌한다

가난의 에세이

목에 걸린 듯
그렁대는 문이 바람을 막고 있다
거울 두 개, 의자 두 개에다 기대어 있다
찌그러진 세면대 앞에서
수압에 놀란 수도꼭지 쿨럭 기침을 한다
널빤지 위에 전기장판이 깔려있고
아날로그 텔레비전은 선반 위에서
왼종일 세상을 노래한다
매서운 가난이
한 줄 햇살도 없는 그늘 속에 들어앉았다
전염병 같은 가난은
대를 이어 줄을 늘어뜨리며 내려왔다

　간판이 찢겨나간 현수막 같아도 세월을 이고 서 있는 것을 알기에 한두 명이 또 다른 가난을 매달고 부스스한 머리로 경첩도 없는 문을 연다. 지친 삶을 잘라 버리듯 잘려나간 머리칼이 반항하듯 공중에서 부유하다 습한 바닥에 안착한다. 머리칼은 다시 자라나므로 최소의 소비를 위해 최대한으로 견딘다. 폰 하나로 모바일 결제를 하는 디지털 세상의 뒤

편에서 땅 개미 같은 생을 위해 소비해야 하는 지폐가 뭉띤 몸을 더듬고 나서야 허공으로 떠올랐다. 그늘은 비라도 내리면 습기가 극성을 부린다. 질척한 삶에 검은곰팡이가 꽃처럼 피어나 폐병 환자처럼 호흡이 가쁘다. 버티던 화분은 며칠을 끙끙 앓더니 스스로 머리를 쥐어뜯으며 고개를 꺾었다

  몇 개 안 되는 채널 속 예능프로에선 육중한 대문에 대리석이 깔린 햇살 좋은 집들이 연속 회자되고 있다. 불합리한 세상. 비현실적인 생각의 낭비라고 투덜대면서도 돌리지 않는 채널. 가질 수 없는 부를 훔치고 싶은 갈망이 어깨를 툭툭 칠 때는 한숨처럼 손에 복권을 잡는다. 사슬을 끊어주는 단 하나의 문이라는 그들이 할 수 있는 건 불가능한 그 문을 밀어보는 것이라고. 더러는 기적처럼 부를 움켜쥐기도 한다기에.

납골당

군중 속에서
허둥대다 잃어버린 얼굴 하나
목적지는 아직인데
돌아서기엔 한참 이른 한낮
잠깐 사이 지상에서 떠올라
외치는 절규에 귀를 막고 어둠의 호각 소리 따라나선 이

채 마르지 않은 핏줄기를 몸으로 막아선 이들을 밀치고 오늘, 저 아래 지옥문 같은 화장장에서 붉은 연기를 산으로 올려 보낸다. 풀들이 제 새끼들을 풀어놓아 길을 숨기고 나뭇가지들이 서로 엉켜가며 막고 있다. 길이 사라진 곳 맨발로 가시를 꾹꾹 밟고 엉킨 가지를 헤치며 하늘 가까이 따라가는 행렬들. 산속의 섬. 닿고 싶지 않은 금지 구역의 빗장이 풀리는 날. 열린 돌문 안으로 울음 무더기들을 들여놓는다. 홀로 떠돌지 않게 함께 모여 몇백 년을 내려온 가문의 영혼들이 통곡 소리에 일어서 손을 맞잡고 가득 담긴 술잔에 슬픔을 풀어 넣는다. 삶의 저 너머에는 그들이 있어 홀로이지 않으리라. 불이 켜지지 않는 어둠의 집. 천년이 가도 깨지지 않을 돌집

기어이 이별

부활의 그 날까지 더는 후대의 가뿐 숨소리가 들리지 않게 어둠의 호각 소리 막아주시길.

추천사

청와 신명숙 / 시인, 수필가

내성을 지닌 그가 좋다. 어디서든 내가 만나고 싶은 사람이 있다. 살아가면서 무수히 만나는 사람들과 인연을 맺다 보면 나도 모르는 사이 의도하지 않은 곳에 서 있을 때가 종종 있다. 그래서 나는 새로운 사람을 만나는 일이 늘 서툴다. 굳이 이유라면 내 일과에 빠듯하게 맞추어진 생활이 몸에 뱄고 또, 마쳐야 할 일들이 늘 있기 때문에 새로운 만남을 시도하지도 않는 편이다.

그러나 내가 새로운 사람과 만난다면 이런 사람을 만나고 싶다, 한 가지 원칙을 둔다. 그 사람에 대한 사전 정보는 캐지 않는다. 설령 캐서 안다 하더라도 관심 두지 않는다. 내가 그와 만날 때 그 사람에 대한 소문이나 인지도로 사람을 기준 삼지 않는다. 다만, 직접 그를 만나 눈을 맞추고 대화하는 동안 읽을 수 있는 확신을 나는 중요하게 생각한다. 그 사람의 피치 못할 습성, 태도 같은 것도 서너 번 정도는 중심 두지 않는다. 이 확신들은 그가 입으로 줄줄 말하는 화려한 이력서보다 믿음을 가늠할 수 있다. 내가 눈으로 확인한 그 사람의 심지가 나와 관계를 이어갈지 결정하는 이유다.

나는 상대의 과거 같은 건 관심 없다. 미래도 마찬가지다. 사람에게 미래와 과거는 시간이 조정할 수 있는 것이 아니어서 믿지 않는다. 그 사람이 나와 같은 공간에서 호흡하고 같은 방향을 보며 함께 교감하는 순간이 바로 현 삶이기에 그래서 순간을 보는 이유다. 한 번 보면 충분한 사람이 있고 보면 볼수록 더 가까이 가고 싶은 사람, 그런 사람을 만나고 싶은 것이다.

  전자는 자신을 가리고 치장해서 얼핏 타인들이 그 치장에 함몰되기를 바라는 스타일이다. 그런 사람을 만나 한꺼번에 자신을 어필하기 위해 많은 치장을 하는 걸 보는 것이 시간 낭비다. 객관적으로 자신을 보지 못해 안타까워 피하고 싶다. 거의 노출증 환자처럼 자신을 드러내기 위해 안간힘을 쓰는 것이 딱해서다. 남들의 평가에 일희일비하기 십상이다.

  후자는 한꺼번에 보이지 않는다. 그는 시시각각 새로운 모습을 보여주는 꽃과 같은 사람이다. 그는 자신의 토양에서 끌어올린 무심한 햇볕, 이슬, 비, 바람을 닮아서 좋다. 그는 항상 유유자적하며 지금 이 순간에 몰입하는 모습이 매력 있다. 외강내유(外剛內柔)와 달리 내면을 강화한 사람, 그런 사람이 좋다.

  내가 아는 그는 그만의 성을 쌓기 위해 오늘도 진한 시간들과 조우한다.

  신나지 않을 것 같은 무슨 일이든, 선두에 서 있는 삶과

사랑에서 나오는 힘인 것이다. 머리를 쥐어 짜내는 고통을 견디며 뽑아내는 누에의 비단 같은 보드라운 정이다.

  그가 건져 올리는 시들은 내가 시베리아 횡단 열차로 벌판을 달리며 본 불길을 연상시킨다. 어디서부터 스스로 타고 태웠는지를 모르는 촛불 같은 마음으로 시들을 쏟아낸다. 그는 반죽해서 빚어내는 두터운 언어들을 응집시킨다.
  언뜻 접하면 울컥 울어 버릴 것 같은 삶을 용해시켜 낸 시들을 접하면 접할수록 감전되어 가는 매력에 그의 시를 사랑한다.

추천사

백민 심길종 / 작가, 한국 문학정신 전남 지회장

넘어지지 않고 달리는 사람에게 사람들은 박수를 보내지 않습니다.
그러나 넘어졌다 일어나 다시 달리는 사람에게 박수를 보냅니다.

사계절은 저절로 찾아옵니다.
자연이 인간에게 준 크나큰 선물입니다.
봄은 싹이 트고 솟아올라 꽃을 피우는 희망의 계절이고
여름은 나무와 숲이 푸르러 풍만하고
가을은 온갖 오곡을 거두어들이는 결실의 계절이지만
겨울은 매서운 북풍에 시린 계절입니다.

그 계절의 지천명(知天命)을 훌쩍 넘긴 지나간 삶의 시간 속에서
일렁이던 것들을 낚아채어 시집을 펴내는 작가의 열정에 감탄을 금할 수 없습니다.
물이 흘러 강으로 가듯이 우리는 물 흐르듯 돌고 돌다가 한순간
빈손으로 떠나지만 글은 한 조각 생의 흔적이 되어 남겨

집니다.

   김유미의 시는 묵향처럼 속으로 파고들고 난향처럼 가슴을 베이는
   생의 역정이 담겨 일반 문학 작품이라기보다
   마음속에 가두어 둔 진실한 삶의 고백이고 기록입니다.
   그의 시는 문학적 소양과 지성만으로는 다 알 수 없는 무엇인가가 담겨 있어
   오늘을 버겁게 사는 가슴들에게 시리고 또 따뜻한 노래로 들려지리라 생각합니다.

추천사

최영희 /시인

김유미 시인의 시는
시어 하나하나 섬세한 실오라기를
특색 있게 직조해 미묘하게 반짝인다.
아름다운 묘사들이 망치를 들고
언어를 탁마하는 연금술사의 심오한 영혼
리얼리즘과
환(幻)의 얼개로 내적 아픔을 딛고 피어난
이름 모를 들꽃의 자연스럽고 아름다운 결정체
독자에게 사랑받을
김유미의 시가 앞으로도
우리 곁에 오래오래 남아있길 기대한다.
머물지 않는 바람으로

이 도서의 국립중앙도서관 출판예정도서목록(CIP)은 서지정보유통지원시스템
홈페이지(http://seoji.nl.go.kr)와 국가자료공동목록시스템(http://www.nl.go.kr/kolisnet)에서
이용하실 수 있습니다. (CIP제어번호 : CIP2018029921)

파란을
넘어서。

초판 1쇄 발행 2018년 10월 1일

지은이 김유미

펴낸곳 책나무출판사 **펴낸이** 임병천
출판신고 2004년 4월 22일(제318-00034)

주소 서울시 영등포구 신길3동 325-70 3F
전화 02-338-1228 **팩스** 0505-866-8254
홈페이지 www.booktree.info

ⓒ 김유미 2018
ISBN 978-89-6339-588-3 03810

*이 책은 성남시의 문예진흥지원금을 보조받아 발간되었습니다.
*이 책의 판권은 지은이와 책나무출판사에 있습니다.
*양측의 서면 동의 없는 무단 전재 및 복제를 금합니다.
*잘못된 책은 바꿔드립니다.